Linnun laulu

Sisällä laulaa tiainen,
neljän seinän sisällä lintu laulaa,
se ei ole kotona, ei kaukana kotoa
vaan ahtaassa häkissä
laulamassa laulujaan.

Heleää sirkutusta,
vireää,
hajanaista,
unelmoivaa.

Se tietää laulunsa usein jämähtävän seinään.
Se ymmärtää ajoittaisen
lyijyksi muuttumisen tärkeyden.
Se elää yksin.

Sen laulu on saanut elämään,
saanut lakastumaan,
tuo ääni jota kaipaa,
kaipaa kiivaasti sydämeen.

Haavoitettuna, pisteltynä se laulaa,
unohdettunakin sirkuttaa
mutta vain kun on yö,
kuu ojentamassa kättään maata kohden.

Kahvilassa istuessa tapaamatta

Istuimme kahvilassa vastapäätä muurejamme,
minä häntä tapaamatta, hän minua,
Aurajoki kävi sanoistamme pyyhkien pois.

Kuuntelin, kuten kai hänkin, katusoittajaa.

Vaihdoimme silmäyksiä, kaukaisina.

Mietin laittaisinko käteni kätensä päälle

Jonkin tapahtuman toivossa,

päädyin seuraamaan määrätietoista kurkiauraa.

Keväisen illan aurinko tiheni pöytään, pieneen pyöreään.

Join kahvini, hän teensä.

Kaikkoavan kohinan sävyin me hyvästelimme tuossa

lahoavassa iltapäivässä,

eikä lauantai ollut vielä ohitse.

Kotimatka

Harmaa ja ankea,
kadun ja kadun kulmassa,
talo avaa julkisivunsa
vain haipuakseen kuvaan
joka on välillisesti tuttu
vuosien työmatkojen varrelta
kuin miehen muistojen harmaus
Behemotin kaltainen varjo
joka rakasta useammin tulee nähtyä.

Mies nostaa kaulukset
ja laittaa kädet taskuun,
ulkona on kylmä,
hyytävä oikeastaan.
Valo on punainen
kun nainen kiirehtii yli.
Auto osuu naiseen,
joka lentää vähän matkaa
jääden kadulle makaamaan.

Naisen maatessa
hänen hattunsa liitää pois,
auton sisällä ei tapahdu liikettä,
joku huutaa suojatien toiselta puolelta
tarkemmin sanojaan kohdistamatta.
Nainen makaa, autossa on hiljaista, joku huutaa.

Mies ottaa pari askelta
valmiina juoksemaan hatun perässä,
mutta pysähtyy
koska pelkää ihmisten tuomiota.
Mies miettii mitä tehdä,
hän tietää että jotain on tehtävä
ja että tapahtuma suorastaan vaatii sitä.
Hän muistaa ensiapukurssin töissä,
sen kuinka oli silloin kokouksessa.
Hän varmistaa ettei kukaan katso
ja hakee naisen hatun.

Maassa makaavaan naisen ympärillä on ihmisiä
auttamassa tai katselemassa,

mies pitää hattua, ei tiedä mitä tehdä
räikeän punaisella vaatekappaleella.
Huuto on lakannut,
kuski on ilmeisesti vielä autossa,
ambulanssin sireeni raikuu.
Mies tietää että on tehtävä, olisi tehtävä,
paljon maassa makaavan naisen eteen,
muutakin kuin pidettävä hattua,
räikeän punaista vaatekappaletta.

Ambulanssi ajaa pois
nainen mukanaan.
Hattu on yhä miehellä
ihmisten hajaantuessa.
Kukaan ei huomaa
miestä hattuineen
harmaan talon edessä
miettimässä miten toimia.

Emme ole syntyneet onneen

Hietaniemen rannalla, vuosikymmen sitten,
uimme auringon noustessa.

"Emme ole syntyneet onnellisuuteen", ilmaisit
sanoin, elkein väsyneen nuoren.
  En kieltänyt, ei ollut syytä.
Ympäristö selkeytyi kylmän valon
langetessa.
Kaikki haalean peitossa.

Nyt samanlainen aamu valvotun yön jälkeen.
  Sama kylmyys.
  Sama haaleus.
Ja olit oikeassa, mutta
kuitenkin kaikki sujuu
ja olemme vapaita,
suunnitelmien täyttämiä.

On opintoja, töitä, juhlia, harrastuksia, suhteita,
uusia aamuja,
ja kaiken keskellä sinulla on
lapsesi, minulla sanani.

Rutiinit ajavat ohi aamuisista pohdinnoista.
Naapurista kuuluu naisen karjuntaa, suihku normalisoi
olon,
aamuruuhka vetelehtii tasaiseen tahtiin, kaipa lokin
kirpaiseva äännähtelykin muistuttaa mahdollisuuksista.
Kaikessa on arkipäiväisyyttä,
liikaa arkipäiväisyyttä.
Liikaa kaikkea.

Saavun määränpäähän ja jään autoon hetkeksi istumaan.

Hauraudesta

"Tämä on viimeisten päivien marssi, pojat", huutaa mies.
"Kyllä se vain näin on, pojat, pojat."

Oluessa on jotain vikaa, hinta kohdillaan.

Sisällä on sentään lämmin.
Musiikki raikuu, Elvistä.

Nainen istuu viereeni, kertoo nimensä,
kyselee olenko minäkin niitä miehiä
jotka naisiaan pettävät. Oma mies kun
pettää minkä kerkeää. "Varmaan huoria", sanoo."
Ei se muuten naista saisi."

Raskasta on rakkaus, ihmisiä
kaipaamassa viereensä aika ajoin ihmistä
johon eivät tarvitse kiinnekohtaa.

Laulu vaihtuu. Nainen tanssii. Mies huudahtelee.

Tanssittuaan nainen istuu, kertoo isänsä
kuolleen: "Sillä oli Alzheimer", sanoo.
"Hyvä että meni." Puree huulta ja estää
kyynelten lankeamisen.

Raskasta on rakkaus.

Kuljetan etusormea tahmeaa pöytää myöten.
Mielikuvissani ruoho kasvaa suuren muurin kupeessa,
joutsen antautuu joen vietäväksi, silitän koiraa,
kultaista noutajaa, omenoiden tuoksu hallitsee tilaa.
Olen yksin (miksi yksin?) pellon laidalla tuntien
suurta lämpöä.

"Poijjjat, poijjjat", uusi satunnainen huuto. "Perkele!"

Katsetta nostaessa vastassa ovat tirskuvat kasvot,
jonkinlainen pyytävä odotus, maalauksellinen.

Tarjoan oluen, halvan,
pahanmakuisen
ja lähden kotiin.

Puren huulta.

Miksi synnymme tunteita varastot pullollaan?
Miksi hellyyttä täynnä?

Maailmassa on kuitenkin murhetta.
Niin paljon herkästi hajoavia elämiä.
Niin paljon unelmia ja mieliä
joista valo on jättänyt.

Valosta

Vierastan valoa, auringon ylimalkaista
porotusta silkkisten syvänteiden riesana.
Tunkeilija siellä minne pakenee halu
haluttoman, hellyys elävän – lyijytetyn.

Lehvästön muoto, korusanoista piittaamaton, kaukana.
Mitä etsimme auringonlaskuista, -nousuista?
Elämämme tarpeeksi todenkaltaista ilmankin
lupauksia, niin kaukaisia, niin sitovia kammioita.

Naisia, menneitä ja tulevia, riittämättömiin
kannattelemasa tätä raukeaa liljojen tietä.
Sydän odottamassa toista kukintaa, rak – toivoa!
Siellä missä tallaa, tallaan minäkin.

Tuokio

Tietokoneen edessä istumassa,
aikainen aamu,
ulkona hämärää, pimeää ehkä,
verhot vielä kiinni,
kahvi kupissa liian kuumaa.

Esitelmä edistyy hitaasti, pää kallellaan,
vasen käsi tukena ruutu läikehtii
lainausten vilistessä sivuja pitkin.

Koleutta paeten jaloittelu,
kurkistus kaihtimien välistä,
risteyksessä pari hyvästelee toisensa
päiväksi kerrallaan.

Jokin kantaa mieleen, jokin verrannollinen:
Tristan ja Isolde eroamassa
mahtipontiseen, kauniiseen katoon

mutta aamuisissa tunnelmissa
erkaantuva nuoripari lähempänä, kosketeltavana,
ja illalla olisivat taas yhdessä

Kahvi juotu, sormet lakanneet lainausten työstämisen,
väräjävin arveluin lähden.

Tapahtumat jatkuisivat.

Lentokentällä odottamassa

Lentokentällä
veljeni kone on myöhässä.
Jossakin itkee lapsi,
kahvi höyryää, mustana,
s'il vous plaît – ranskaa, joskus teeveestä kuullut.
Ihmiset haihtuvat ovesta sisään ja ulos,
kulman takaa kuuluu hurinaa,
hammastikuista syntyy tikku-ukko,
houkuttaisi lähteä, Wieniin ehkä.
Sekoitan kahviin maitoa, juon kaiken,
ei ole nuoraa johon tarttua, kirjakin on autossa,
en edes muista kirjailijaa.
Vessassa vastaan tuoksahtaa rikki,
seinä on sileä sormea vasten,
nainen nuokkuu penkillä; hymyilen, hymyilemme
ja näin tunnen laumaeläimen minussa hengähtävän.
Ihmettelen tätä rakennusta, 1952 rakennettu kertoo
Wikipedia.
Vaihtelen värejä ihmiskasvoissa,
lento laskeutuu välkkyy taululla,

odotan.

Kestää aikansa kunnes hän tulee.

"Miten reissu meni", kysyn.

"Hyvin", hän vastaa.

Matkalla on hiljaista, tunnen raukeutta johon on mukava vajota.

Veljeni ajaa, kirja on Bill Brysonin,

öinen tie avautuu autiudessaan vapaana, haukottelen.

"Mennään Hesburgerin kautta", hän sanoo.

Sivusilmin toteamme idean hyväksi.

Viereen ilmestyneen auton takapenkillä poika vilkuttaa,

minä vilkutan kaksin käsin takaisin

Riitainen ilta

Punaviini ja olut,

visiot ja näyt,

maat ja taivaat,

asemat ovat vakiintuneet

rintamalinjoiksi,

totuus on kauneus

likainen ja epäselvä,

lehdet suhisevat

nuokkuvien ripsiesi valuessa

suureen vaaleaan.

Ei surua, murhetta, iloa

suloisten otsaryppyjesi ilmestyessä

vaatimusten alta,

punaviiniä ja olutta,

visioita ja näkyjä,

maita ja taivaita.

Huomenna tapaamme jälleen,

toivottavasti paremmissa merkeissä.

Mitä tästä kaikesta nyt sanoa

ja mietin mitä tästä kaikesta nyt sanoa
kun mies makaa tiistaina 11.00 kaatokännissä
lattialla
    ainoa sivistyksen pilkahdus Kelan kirje
lasinalustana
sellaista muutosta se on joskus kohdusta poistuttua,
tähtiä
                joiden pilkahdukset
hienovaraisesti tuhottu
             virheiden ilmaannuttua
mitä tästä kaikesta nyt sanoa, reilu peli junnuliigoihin
                jähmettynyt yritelmä

mies herää ja pelästyy tuolia
"vittu, kuvittelin että kuolemahan se siinä", sanoo
hymykuopat muodostaen
                      ja sammuu

tiedän, että herätessään yhä nauraisi, piut paut samaa
lopputulosta
hänestä kaikki kuitenkin

iltapäivästä
hän herää, istuu hetken,
nauraa,
kävelee jääkapille,
avaa oluen,
katsoo
vanhaa tuolia,
eikä oikein tiedä
mihin lokeroisi
tuon momentin

Se jossa asutaan

Olento astuu sisään asuntoon,
jonkun omistamaan.
Vuosikymmen sitten astui ensimmäisen kerran,
ei koskaan kotiin, paikka vain
sattuu olemaan siinä, lähellä muita paikkoja.
Hyllyillä on leipäpusseja, nuudeleita,
ties mitä säilykkeitä
jos on nälkäinen.
Sänky jossa nukkua, sohva jossa istua,
työpöytä tietokoneineen, verhot kiinni,
seinät ajan kellastamat.
Olento astuu.

Televisiossa vaimot vaihtuvat
kuin oravat,
hajamieliset oravat kätköineen,
kanavat kuolevat sammakoiden kurnutukseen
verkostossa jossa hämähäkin tarvitsee vain odottaa.
Sanat eivät tallennu, hahmot muutu,

olento ottaa kaukosäätimen ja huokaa,

löytää jälleen itsensä ja huokaa,

kävelee ikkunaan ja katselee romua renkailla,

ostettu jotta voisi edes kuvitella pakenevansa,

ehkäpä Roomaan, Kreikkaan, kunniaan tai loistoon,

kauas johonkin ääriin.

Hampaat kiiltävät seinänkeltaisina, ikenet vuotavat,

harvat hiukset harottavat, pakenevat päätä.

Olento imaisee vielä katseeseensa kuvan olennosta

peilin takana; kitkerän makuinen, mutta kuitenkin

hänen omansa.

Yö ja uni, aamu ja leipäpala,

olento lähtee, ajaa töihin,

lakkaa ajattelun, palaa samaan asuntoon

jossa heittäyttyy kunniaan joka on sohva,

loistoon joka on sänky,

käpertyy

hämähäkkien huomaan.

Yön kuluessa mökillä

Joitakin hetkiä sitten, havahduin takan rätinään
kekäleiden kuollessa.
Kirja oli lattialla, auennut jo luetulta aukemalta,
seikka joka jostakin syystä ärsytti kaiken keskellä.

Potkaisin kirjaa ja kävelin ulos, usva valui
verannan tummuutta myöten.

Vilpoinen tuuli virisi
   ja meni menojaan.
Järvi hengitti alapuolella.

Join olutta.
   Kepeys.
   Yöperhonen liiteli
maisemaa vasten symboloiden jotakin
jo aikaa sitten kiteytynyttä.

Katselin ikkunoiden väliin kellahtanutta kärpästä
iirikset kiinni ylös törröttävissä jaloissa,

ja tärisin.

Myriadit hetket sisälläni hehkuivat.

Eivät hetket,
vilpoisuus, ei
niistä ole tärinää aiheuttamaan.
Hiljaisuus sen sijaan, verhottuna
ympäröivien henkilöiden huntuun.
Tutisin.

Metsän silueteissa vaelsivat väkijoukot.
Ei,
vain muutamat tutut siellä kulkivat
kertomassa ohittamieni aikojen summan.

Hetkeksi katosin

väistämättömään tiheyteen.

Tämän olemisen saavuttamattomissa väsyin
tähtiin.
Ihmisiin.

Ei ole paljon yötä jäljellä, huomenna kaupunki kutsuu.

Aikanaan saisin olla saari, kesäöiden välissä,
katoamassa mihin milloinkin.

Kysymys

Hän esitti kysymyksensä
alas luoduin katsein,
hän voiteli leivän,
hän asetteli huolellisesti kinkkuviipaleet
ja juustosuikaileet leivälle,
hän kaatoi maitoa
kahvikuppiinsa,
hän söi leivän
kahvia välillä naukkailen,
ja hän hymyili
surullisinta hymyään.

hän tiskasi lautasen ja kupin
hymyillen
surullisinta hymyään.

Hän käveli tietokoneelle
viimeistelemään työasioita,
hän naputteli tasaisesti
numeoroita exceliin,

hän nousi
ja heittäytyi sohvalle
hymy huulillaan.

Hän nousi
ja käveli eteiseen,
hän laittoi kengän
ensin vasempaan jalkaan
sitten oikeaan,
hän puki takin
vaikka ulkona oli lämmin
ja hän sulki oven
takanaan

Minä hymyilin
vapauteni vankilassa
ja yritin olla

Sairastaminen

Sänky on täynnä avonaisia kirjoja,
painomusteen haju lehahtelee ympärillä,
kannettava pyörittää kuvia nopeassa, tasapaksussa
tahdissa,
hohtavan aaveen kuherrellessa ruumiin syvimmissä
ulottuvuuksissa.
Putket seinissä kertovat hernekeiton olevan
paskamaisen rahatilanteen ruokavalinta,
ja vaikuttaa, että sänkyni ympärillä kieppuu
lapsi toogaan pukeutuneena.

Ajelehdin maailmojen välillä, kuoleman katsellessa
smaragdiselta sillalta kuinka jälkeen jäävät vain
unohtuvat tuohon unhon lopullisuuteen ovien
avautuessa ja sulkeutuessa.
Astelen käytävää sykomorien peittäessä
inhimillisyyden jäänteet hylätyssä sairaalassa,
ajelehdin sisällissodan runnomassa dystopiassa,

kuvat liikkuvat mieltä nopeammin,
eivätkä noidat tanssi, miksi?

Auringonsäteiden hyökkäys herättää
häilyvässä todellisuudessa, hiljaisuus,
Tavanomainen olemus ja
lasi vettä.

Näinä yksinäisinä öinä

Näinä yksinäisinä öinä, maaseudun rauhassa,
kuunsillan levitessä apaattisen keveänä aaltojen
kuohiessa sen hopeista pintaa, minä pohdin;
sukellan kaoottisiin syvyyksiin ja luovun.

Voiko taivas tuntea maan?
Entäpä punatulkku oksan jolla levähtää?
Lehti lämpimän tuulen kosketuksen?
Rakkaus tuntuu olevan yksinäisyytemme
huipentuma, suuri illuusio, ymmärrys sen
(mahdoton?) hinta, eikä universumi vastaa.
Mutta on niitä, vanhempia, älykkäämpiä,
joiden elämä todistaa muuta,
joten kukapa tietää.

© 2022 Sampo Salmenoja
Kustantaja: BoD – Books on Demand, Helsinki,
Suomi
Valmistaja: BoD – Books on Demand, Norderstedt,
Saksa
ISBN: 978-952-80-6919-5